Bettina Rinderle

FRESCH-Tests: Merken · Klasse 3–4

Lernzielkontrollen zur vierten Strategie

Impressum

FRESCH-Tests: Merken · Klasse 3–4

Bettina Rinderle ist Autorin zahlreicher Publikationen. Sie hat an vielen Schulen die FRESCH-Methode eingeführt und hat als Lehrbeauftragte an der Pädagogischen Hochschule in Freiburg mit Studenten die Szenische Didaktik erprobt. In zahlreichen Lehrerseminaren hat sie mit den Teilnehmern erarbeitet, wie Lehrkräfte und Schüler in der Schule mehr Freude und Kompetenz erlangen können. Mit FRESCH will sie alle unterstützen, die sich mit dem richtigen Schreiben und Lesen schwertun. Außerdem meint sie: Rechtschreiben ist nicht alles im Leben: Der Umgang mit unserer Sprache soll doch Spaß machen! Bettina Rinderle lebt mitten im grünen Au bei Freiburg.

1. Auflage 2021
© 2021 AOL-Verlag, Hamburg
AAP Lehrerwelt GmbH
Alle Rechte vorbehalten.

Veritaskai 3 · 21079 Hamburg
Fon (040) 32 50 83-060 · Fax (040) 32 50 83-050
info@aol-verlag.de · www.aol-verlag.de

Redaktion: Kathrin Roth
Layout/Satz: Satzpunkt Ursula Ewert GmbH, Bayreuth
Illustrationen & Coverbild: © Antje Bohnstedt
Druck und Bindung: Druckerei Joh. Walch GmbH & Co KG, Augsburg

ISBN: 978-3-403-10664-7

Das Werk als Ganzes sowie in seinen Teilen unterliegt dem deutschen Urheberrecht. Der Erwerber des Werkes ist berechtigt, das Werk als Ganzes oder in seinen Teilen für den eigenen Gebrauch und den Einsatz im Unterricht zu nutzen. Die Nutzung ist nur für den genannten Zweck gestattet, nicht jedoch für einen weiteren kommerziellen Gebrauch, für die Weiterleitung an Dritte oder für die Veröffentlichung im Internet oder in Intranets. Eine über den genannten Zweck hinausgehende Nutzung bedarf in jedem Fall der vorherigen schriftlichen Zustimmung des Verlages.

Sind Internetadressen in diesem Werk angegeben, wurden diese vom Verlag sorgfältig geprüft. Da wir auf die externen Seiten weder inhaltliche noch gestalterische Einflussmöglichkeiten haben, können wir nicht garantieren, dass die Inhalte zu einem späteren Zeitpunkt noch dieselben sind wie zum Zeitpunkt der Drucklegung. Der AOL-Verlag übernimmt deshalb keine Gewähr für die Aktualität und den Inhalt dieser Internetseiten oder solcher, die mit ihnen verlinkt sind, und schließt jegliche Haftung aus.

Engagiert unterrichten. Begeistert lernen.

Inhaltsverzeichnis

Vorwort 4
Expertix zum Ausmalen 6
Testblatt 1:   Zusammengesetzte Nomen bilden .... M: ß 7
Testblatt 2:   Passende Adjektive einsetzen .... M: ß 8
Testblatt 3:   Entscheide: ss oder ß? .... M: ß 9
Testblatt 4:   Groß- oder kleinschreiben: Wörter mit ß .... M: ß 10
Testblatt 5:   Lücken ergänzen und Spaßgemüse .... M: ß 11
Testblatt 6:   Was passt nicht? .... M: ß 12
Testblatt 7:   Nach dem Abc ordnen .... M: ß 13
Testblatt 8:   Wir – dir – mir .... M: -i- 14
Testblatt 9:   Reimpaare finden .... M: -i- 15
Testblatt 10: Suchsel und Rätsel .... M: -i- 16
Testblatt 11: Merkwörter finden und sortieren .... M: -i- 17
Testblatt 12: Kleines Selbstdiktat .... M: -i- 18
Testblatt 13: Aussagen beurteilen: Richtig oder falsch? .... M: -i- 19
Testblatt 14: Kombisätze schreiben .... M: -i- 20
Testblatt 15: Wörter mit -h nach Vokalen ordnen .... M: -h- 21
Testblatt 16: Reime ergänzen .... M: -h- 22
Testblatt 17: Definitionen für Nomen finden .... M: -h- 23
Testblatt 18: Mixwörter bilden .... M: -h- 24
Testblatt 19: Zahlenspiele .... M: -h- 25
Testblatt 20: Unsinnsätze richtigstellen .... M: -h- 26
Testblatt 21: Unterscheiden: Merkwort oder Verlängerungswort? ... M: -h- 27
Testblatt 22: Alles dreht sich um ein paar „aa"! .... M: aa/ee/oo 28
Testblatt 23: Suchsel mit aa und ee .... M: aa/ee/oo 29
Testblatt 24: Was passt? .... M: aa/ee/oo 30
Testblatt 25: Schüttelwörter .... M: aa/ee/oo 31
Testblatt 26: Schlangenwörter richtig zusammensetzen .... M: aa/ee/oo 32
Testblatt 27: Nomen einer Beschreibung zuordnen .... M: aa/ee/oo 33
Testblatt 28: Würfeldiktat und Rätsel .... M: aa/ee/oo 34
Testblatt 29: Nomen oder andere Wortart? .... M: ä 35
Testblatt 30: Zusammengesetzte Nomen .... M: ä 36
Testblatt 31: Wörtergrenzen erkennen .... M: ä 37
Testblatt 32: Sätze mit Merkwörtern ergänzen .... M: ä 38
Testblatt 33: Nomen mit Adjektiven ergänzen .... M: ä 39
Testblatt 34: Wörter nach Silben ordnen .... M: ä 40
Testblatt 35: Merken oder Ableiten? .... M: ä 41
Testblatt 36: Gleiche V-Wörter finden .... M: V 42
Testblatt 37: V-Spaßwörter und der Wortbaustein ver- .... M: V 43
Testblatt 38: Reimpaare bilden .... M: V 44
Testblatt 39: Komisches Würfeldiktat .... M: V 45
Testblatt 40: Suchsel und Rätsel .... M: V 46
Testblatt 41: Blick aus dem Fenster .... M: V 47
Testblatt 42: Ver- oder Vor-? .... M: V 48
Testblatt 43: Passende Adjektive finden .... M: V 49
Testblatt 44: Merkwörter mit C/Ch .... M: C/Ch 50
Testblatt 45: Kleiner Englisch-Test .... M: Englisch 51
Testblatt 46: Was passt: cks, gs, chs, ks, x? .... M: cks/gs/chs 52
Testblatt 47: ai und andere Merkstellen .... M: ai 53
Testblatt 48: Reime mit Merkwörtern finden .... M: alle 54
Testblatt 49: Wörter-Sharing .... M: alle 55
Testblatt 50   Glücksrad .... M: alle 56

Hinweis: Zu diesem Titel gibt es Zusatzmaterial. Dabei handelt es sich um die Lösungen sowie um extra Arbeitsblätter, die Sie sich kostenlos aus dem Internet herunterladen können.

Vorwort

Liebe Kolleginnen und Kollegen,

Expertix ist der Freund der Kinder, die mithilfe der FRESCH-Methode nach dem silbierenden Richtigschreiben, nach den Strategien „Verlängern" und „Ableiten" nun auch die letzte Strategie „Merken" kennengelernt haben. Er bestätigt den Kindern auf jeder der 50 Testseiten, dass sie in den FRESCH-Strategien und beim Schreiben und Lesen nun Expertinnen und Experten sind!

Der Wunsch vieler Lehrerinnen und Lehrer nach differenzierten Lernzielkontrollen für FRESCH besteht schon seit einiger Zeit. Sie wünschen sich vor allem kleinschrittiges Material, mit dem sie die Lernstände der Kinder genauer überprüfen und beschreiben können.

Das Merken als letzte FRESCH-Strategie prüft vor allem, wie ausgeprägt die Merkfähigkeit der Kinder ist. Daher sind die Tests zu bestimmten Merkmalen schwerpunktmäßig zusammengestellt. Dennoch kommen auf den Testblättern immer wieder Merkwörter aus unterschiedlichen Kategorien vor. Es ist Ihnen überlassen, in welchem Tempo, in welcher Reihenfolge oder mit welchen Auslassungen Sie mit Ihren Schülerinnen und Schülern das Gelernte überprüfen wollen.

In diesem Band werden die drei Strategien Silbenschwingen, Verlängern und Ableiten als bekannt vorausgesetzt. Der Fokus liegt bei allen Testseiten auf den jeweiligen besonderen **Merkstellen** der Merkwörter. Daher stehen Testblätter zur Verfügung für:

- ß-Wörter,
- -h-Wörter,
- v-Wörter,
- -aa-, -ee-, -oo-Wörter,
- Wörter mit nicht ableitbarem ä,
- -i-Wörter,
- Wörter mit besonderen Schwierigkeiten: gs, chs, C, ch, y, th, ph, ai sowie
- englische Wörter.

Das Besondere der Merkwörter-Tests besteht nicht nur darin, dass Sie damit den Stand der gemerkten Wörter feststellen können. Durch die vielen Wiederholungen in den unterschiedlichen Aufgaben sind die Tests auch ein Zusatztraining, das ein automatisches Richtigschreiben fördert. Und das ist schließlich Ziel der FRESCH-Aufgaben bei allen unseren Kindern.

Es spielt keine Rolle, mit welchen konkreten FRESCH-Materialien die Kinder die Methode gelernt haben. Kein Testblatt bezieht sich speziell auf eines der anderen Übungshefte. Wer sich grundlegend über die Methode informieren möchte, kann dies mithilfe von „FRESCH – Freiburger Rechtschreibschule" (Bestellnr.: 10475) tun.

Ein wichtiges Detail von FRESCH ist, dass die orthografische Trennregel und die Schwungregel im Hinblick auf „ck" nicht übereinstimmen. Da es bei FRESCH darum geht, mit dem Silbenschwingen den natürlichen Schreibfluss der Kinder zu unterstützen, kommt der Trennungsregel an dieser Stelle keine Bedeutung zu. Wir behandeln „ck" wie alle anderen Mitlautverdopplungen auch, daher: Dec-ke oder Hec-ke.

Vorwort

Die folgenden Informationen möchte ich mit Blick auf diesen Band gerne noch ergänzen:

- Viele Kinder bringen eine hohe Intelligenz mit. Daher sind sowohl der Wortschatz als teilweise auch die Aufgabenstellungen in diesem Band fordernd. Da systematisches Üben und Kategorisieren der Merkwörter nach unserer Empfehlung erst ab Ende von Klasse 3 erfolgt, sollten die Tests nicht zu früh eingesetzt werden. Aus diesem Grund sind die Testbögen durchaus auch noch zu Beginn der Sekundarstufe 1 einsetzbar. Es liegt in Ihrer Hand zu entscheiden, welches Niveau Sie welchem Kind zumuten können.
- Zu jedem Testbogen gibt es als Zwilling den richtig ausgefüllten Lösungsbogen. So können Sie und/oder die Kinder sofort erkennen, was alles richtig ist oder wo ein Fehler entstand. Bei manchen – vor allem freieren – Aufgabenstellungen lässt es sich nicht vermeiden, dass es unterschiedliche Lösungen gibt. Sind sie korrekt und sinnvoll, sollten die Lösungsvarianten als richtig anerkannt werden.
- Einige Testblätter erarbeiten die Kinder unter Umständen recht schnell. Als Möglichkeit einer erweiterten Lernzielkontrolle bietet es sich an, dass die Kinder mit dem Wortmaterial der Testseite zusätzliche Sätze, Fragen, Wortkombinationen usw. bilden. Damit überprüfen Sie zugleich das Sprachverstehen der Kinder.
- Zu allen Testseiten habe ich Ihnen Vorschläge zu **Extra-Übungen** gemacht, die Sie sich downloaden können. Mit den Extras können Sie Kinder sinnvoll beschäftigen, die den eigentlichen Testbogen bereits bearbeitet haben.
- Welche Benotung Sie vornehmen wollen, bleibt Ihnen überlassen. Wir alle haben unsere Bewertungssysteme bzw. Vorgaben, nach denen wir uns richten müssen. Deshalb habe ich keine verbindlichen Punktzahlen angegeben. Einen einfachen Vorschlag möchte ich Ihnen aber dennoch mit auf den Weg geben. Er lautet:

    Expertix sagt: Exzellent! = Alles richtig!
                     Perfekt!   = Kaum Fehler gemacht!
                     Fast prima! = Du solltest noch etwas üben, das kommt noch!

Bei aller Anerkennung, die unsere Kinder durch die Bewältigung der Testbögen erhalten sollen, ist es mir wichtig, Folgendes nicht aus dem Blick zu verlieren:

Jedes Kind (jeder Mensch) ist ein Unikat, ein ganz besonderes Individuum. Nicht jedes Kind kann und will es zur Perfektion in der Rechtschreibung bringen. Aber jedes Kind hat ein Anrecht darauf, seine wahren Talente und Lernfreuden zu entdecken und darf nicht daran verzweifeln, wenn diese nicht im Richtigschreiben liegen!

Bleiben Sie gelassen, zuversichtlich und erfolgreich mit dem exzellenten Expertix!

Bettina Rinderle

Expertix zum Ausmalen

Ich bin Expertix – und ein ausgewiesener Experte für Merkwörter!
Ich werde dir beweisen, was du schon alles kannst!
Auf jeder Testseite habe ich mir leichte bis knifflige Aufgaben für dich ausgedacht.
Du wirst dein Bestes geben, um sie zu lösen!
Das weiß ich!

Wenn dir nicht alles gelingt,
finde ich dich trotzdem
fast prima.
Wenn du beinahe alles richtig
machst, bist du perfekt.
Wenn ich gar keinen Fehler finde,
bist du exzellent!
Und nun los, zeig, was du kannst!

Dein Expertix

Testblatt 1
Zusammengesetzte Nomen bilden

Datum: ....

M
ß

**Welches zusammengesetzte Nomen kannst du mit „Fuß" bilden?
Schreibe alle so auf: Fuß + Weg = Fußweg**

Bad · Zeh · Nagel · Himmel · Gymnastik · Fabrik · Stapfen
Wanderung · Tritt · Pflege · Hose · -gänger · Ball · Sohle · Gebirge
Pilz · Streifen · Rücken · Ampel · Abdruck · Roller

Fuß + ... = ...

.... + ... = ...

.... + ... = ...

.... + ... = ...

.... + ... = ...

.... + ... = ...

.... + ... = ...

.... + ... = ...

.... + ... = ...

.... + ... = ...

.... + ... = ...

.... + ... = ...

.... + ... = ...

.... + ... = ...

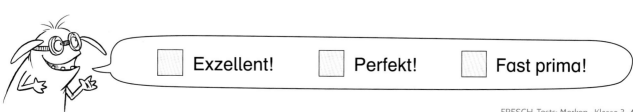

Testblatt 2
Passende Adjektive einsetzen

Datum: ....

M
ß

Schreibe je das passende Adjektiv in die Lücken:

süß · groß · heiß

Fast immer schmeckt Schokolade ....

Wenn ich lange nichts gegessen habe, ist der Hunger ....

Ein junger Hund ist ...., obwohl man ihn nicht essen kann.

Nahe am Lagerfeuer ist es sehr ....

Ein Hühnerei ist nicht so .... wie ein Straußenei.

Im August wird es meistens ziemlich ....

Mein kleiner Bruder ist nicht so .... wie ich.

Ich trinke lieber .... Schokolade als kalte.

Fast immer ist Zucker in einer .... Limonade.

.... Leute übersehen oft die kleinen Leute.

Die Aufregung vor dem Geburtstag ist meistens ....

Kochendes Wasser ist äußerst ....

Viele Früchte sind von Natur aus ....

☐ Exzellent!   ☐ Perfekt!   ☐ Fast prima!

Testblatt 3
Entscheide: ss oder ß?

Datum: ....

M / ß

Setze „ss" oder „ß" in die Lücken!

Zwei Fü....e mü....en unseren Körper tragen ·

ein Flo.... auf dem Wa....er · sie alle la....en grü....en ·

ein gro....es Eis e....en · die Pflanzen gie....en ·

drei....ig Kniebeugen · diese Schuhe pa....en be....er ·

die Kla....e hatte gro....en Spa.... ·

er bei....t in die Kartoffelklö....e mit Genu.... ·

Bienen sammeln flei....ig Honig · ein Gru.... per SMS ·

die So....e ist ziemlich flü....ig ·

der Regengu.... machte die Stra....e ganz na.... ·

Oskar kann gut Tore schie....en ·

ein bi....iger Hund · der Schwei.... stand auf seiner Stirn

Schreibe die Wörter in die richtige Spalte!

ß-Wörter	ss-Wörter

☐ Exzellent!   ☐ Perfekt!   ☐ Fast prima!

Testblatt 4
Groß- oder kleinschreiben: Wörter mit ß

Datum: ....

M
ß

Schreibe die Wörter in die richtige Spalte!

SPAß · DREIßIG · FLOß · GROßELTERN · HEIß · SOßE · KLOß
GRÖßER · RIESENGROß · WEIß · STRAUß · GRÜßE · FLEIßIG
FRAß · STRAßE · SPIEß · RUß · MÄßIG · SCHWEIß · SÜß

KLEINGESCHRIEBEN	GROßGESCHRIEBEN
....	....
....	....
....	....
....	....
....	....

Fülle die Lücken mit den Wörtern von oben:

Das Zebra ist schwarz-.................... gestreift.

Lilli braucht .... Minuten für ihren Schulweg.

Moritz ist vier Zentimeter .... als Lukas.

Emma liebt Pudding sehr, weil er .... ist.

Auf dem .... brutzelten Würstchen und Gemüse.

Sein Erfolg im Rechnen war eher ...., leider.

Die Freude über das Geschenk der ....

war ....

☐ Exzellent! ☐ Perfekt! ☐ Fast prima!

Testblatt 5
Lücken ergänzen und Spaßgemüse

Datum: ....

M ß

Setze das passende Wort in die Lücken!

1. In der Klasse fehlte heute niemand .... Ben.

2. Die Feuerleiter ist bei diesem Gebäude .... angebracht.

3. Der Zahnarzt war .... vorsichtig bei seiner Behandlung.

4. Im Sommer spielen wir alle viel lieber ....

5. Er hielt sich am .... Ende des Seils fest.

6. Der Direktor wollte sich zu diesem Vorfall nicht ....

7. Die Medizin muss .... angewendet werden.

8. Der Film handelte von .... Zombies.

äußersten
äußern
draußen
außerordentlich
außer
außen
außerirdischen
äußerlich

Erfinde hier Spaß-Esswaren nach deiner Fantasie. Kombiniere sie mit ß-Wörtern: Spaßkartoffel ...

Gurke · Radieschen · Karotte · Blumenkohl · Torte · Würstchen · Nudeln

....

....

....

☐ Exzellent!   ☐ Perfekt!   ☐ Fast prima!

Testblatt 6
Was passt nicht?

Datum: ....

M
ß

In jeder Reihe passt ein Wort nicht.
Streiche es durch und schreibe es unten auf!

Klöße · Süßwaren · Schokosoße · Floßstange · Süßkartoffel

Dorfstraße · Straßenbahn · Stadtstraße · Einbahnstraße · Fahrradstraße

dreißig · fünfzig · vierzig · zwanzig · winzig · sechzig · neunzig

weiß · heiß · schmeißen · gießen · reißen · beißen

fraß · aß · draußen · Spaß · außen · saß · spaßig

Fußgänger · Floßreise · Gießkanne · Fußball · Fleiß · fließen

schließen · weiß · Ruß · groß · Floß · Gruß · Strauß · Schweiß · gießen

Plattfuß · Tierfuß · Fußzeh · Holzfuß · Gipsfuß

....

....

Schreibe in der richtigen Reihenfolge.
Mit dem Endwort beginnt das nächste.

> Soßentopf · Straßenlampe · Randgebirge · Fußpilz · Gebirgsstraße
> Pilzsoße · Lampenfuß · Topfrand

Soßentopf, Topf..

....

....

☐ Exzellent!   ☐ Perfekt!   ☐ Fast prima!

Testblatt 7
Nach dem Abc ordnen

Datum: ....

M
ß

**Schreibe die Wörter nach dem Abc geordnet auf.
Nicht alle Buchstaben kommen vor!**

A B C D E F G H I J K L M N O P Q R S T U V W X Y Z

A .... B ....
C .... D ....
E .... F ....
G .... H ....
I .... J ....
K .... L ....
M .... N ....
O .... P ....
Qu .... R ....
S .... T ....
U .... V ....
W .... Z ....

Fußballhemd · Badespaß · Weißkraut · Ofenruß · Eiweiß · Lernfleiß
Reißnägel · Apfelklöße · Heißlüfter · Kartengruß · Großeltern · Maßanzug
Schließfach · Papierblumenstrauß · Naturholzfloß · Quittensüßspeise
Jungenfußball · zuckersüß · Dorfstraße

Ordne nach dem Abc:

Spaßgedicht   Kerzenruß   Fleißarbeit   dreißig

....

☐ Exzellent!   ☐ Perfekt!   ☐ Fast prima!

Testblatt 8
Wir – dir – mir

Datum: ....

M
-i-

Setze „mir", „dir" oder „wir" und die anderen i-Wörter ein.
Die Sätze sollen sinnvoll sein.

> Kaugummi · Vitamine · Vampire · Krokodile · Medizin · Kilo
> Delfine · Rosinenbrötchen · prima · Kaninchen · Praline
> Apfelsine · Maschine · Juli · Tiger

.... lieben ....

Ich schenke .... eine ....

Gib .... auch eine ....

.... haben zu Hause eine Kaffee-............................... .

Ich kaufe .... ein .... Äpfel.

.... müssen die .... schützen.

Ich gebe .... gern mein ....

.... gefallen .... -Automaten.

Gehört .... das süße .... ?

.... fürchten uns vor ....

Ein Stoff-............... macht .... keine Angst.

Gefällt .... der .... von allen Monaten auch am besten?

.... finden ....

Schmeckt .... bittere .... ?

| ☐ Exzellent! | ☐ Perfekt! | ☐ Fast prima! |

Testblatt 9
Reimpaare finden

Datum: ....

M -i-

Ergänze die Lücken mit dem passenden Reimwort von unten:

Jens spielt Violine – Sara schreibt ....

Ich kaufe nur ein Kilo – viel mehr steckt in einem ....

Mit Fahrrad bin ich mobil – meine Baumhütte ist ....

Das Auto braucht Benzin – Wasser braucht der ....

Ich stecke in einer Kabine – zum Glück nicht in der ....

In den Kuchen gehört die Rosine – zum Obst die ....

Ich war noch nie in China – das finde ich nicht ....

Ich gehe heute ins Kino – da läuft ein Film mit ....

Aufs Brot die Margarine – zum Fenster die ....

Max träumte von Maschinen – die produzieren ....

Tom reitet auf dem Muli – Johannes liebt den ....

Hinter dem Gardinchen – versteckt sich ein ....

Es war ganz schön mobil – im Nil das ....

In der Apfelsine – stecken ....

Der Tiger gehört mir – der Dino gehört ....!

Silo · stabil · Dino · Vitamine · Schreibmaschine · Lawine · Delfin · prima
Mandarine · Pralinen · Gardine · Juli · Krokodil · dir · Kaninchen

☐ Exzellent! ☐ Perfekt! ☐ Fast prima!

Testblatt 10
Suchsel und Rätsel

Datum: ....

M
-i-

Finde die Wörter mit „i" im Suchsel. Schreibe sie auf die Linien.

K	O	W	O	L	I	Ö	S	A	R	D	I	N	E	W	E	I	M	D	I	N	O	D	W	Q	U	I	N	E	X	A
B	R	U	I	N	E	T	O	L	A	M	P	R	L	A	W	I	N	E	S	C	H	I	P	R	L	W	A	S	S	T
P	R	A	L	I	N	E	B	U	L	O	L	I	V	E	G	A	R	F	O	L	I	N	G	T	O	V	O	W	I	S
S	C	H	E	R	P	I	N	I	L	P	F	E	R	D	X	G	A	R	D	I	N	E	F	Ö	S	I	Ö	B	E	L
N	O	M	M	E	D	I	Z	I	N	M	A	X	R	O	S	I	N	E	G	A	T	T	Q	N	E	R	N	O	W	W

....

....

....

Löse mit den Wörtern aus dem Suchsel dieses Rätsel:

Frucht des Ölbaums   .... i ....

dickes, schweres Zootier   .... i ....

zerstörtes Gebäude   .... i ....

Vorhang   .... i ....

kleiner Speisefisch   .... i ....

Heilmittel   .... i ....

getrocknete Weinbeere im Kuchen   .... i ....

Kurzwort für ein ausgestorbenes Tier   .... i ....

kleine Süßigkeit   .... i ....

gefährliche Schneerolle   .... i ....

☐ Exzellent!   ☐ Perfekt!   ☐ Fast prima!

Testblatt 11
Merkwörter finden und sortieren

Datum: ....

M -i-

**Finde die 14 i-Merkwörter. Kreise sie ein.
Schreibe sie passend in die Silbenbögen unten.**

WINTERLICHTRIESEVIOLINEZIEMLICHGEMEINSO
EINFACHLIEBKAMINSCHIENESCHEUNEGESANG
SCHWEINCHENSEIFESIEBNIEFEINREITERWIR
KILOELIFTSINGENFINDENGREIFENBEIẞEN
HEIẞGEDICHTDINOSCHEIBELIEFERNBIST
GESICHTMASCHINELEITERBIENESITZT
WEITERSCHLEIFENGREIFENMEDIZIN
FIESMIETEMEISTERGEISTWISCHENROSINETIEF
BINDENAPFELSINESTEIFHIERSINDMILD
RINDERKABINEKINDERHEIẞENGERIPPE
SCHIEFKLIMAGIFTPFIFFBRIEFKREIDE
SCHWEIẞWEITERLIEẞDIRSTIEFELIST
SCHRIEBBRICHTKANINCHENKNICK
AUTOKROKODILBRICHTGIEẞEN

[ ] Exzellent! [ ] Perfekt! [ ] Fast prima!

Testblatt 12
Kleines Selbstdiktat

Datum: ....

M
-i-

Schreibe als Tabellendiktat. Beginne mit F2.

	1	2	3	4
A	zuerst die	sie zwei Tiger	Keine Pralinen!	Süßigkeiten
B	dann essen	gesund halten.	sind Schilder:	Gleich daneben
C	Wir wollen	lieber zu	einigen sie	fetten Nilpferde
D	Jonas will	entdecken	Nicht füttern!	Überall
E	lieber selber.	den Delfinen.	unsere Tiere	Keinen Kaugummi!
F	wir unsere	Pauline möchte	besuchen.	sich auf
G	die Krokodile.	Prima,	Schließlich	im Gehege.

F2 – A1 – C4 – F3 / D1 – C2 – E2 / G3 – C3 – F4 – G1 / B4 – D2 – A2 – G4 /
D4 – B3 – D3 / E4 – A3 / C1 – E3 – B2 / G2 – B1 – F1 – A4 – E1

☐ Exzellent!   ☐ Perfekt!   ☐ Fast prima!

Testblatt 13

Aussagen beurteilen: Richtig oder falsch?

Datum: ....

M -i-

Ergänze die Aussagen mit den untenstehenden Wörtern.
Manche Aussagen sollen stimmen, manche nicht.
Kreuze selbst an! Verwende möglichst alle Wörter.

	ja	nein

Ein .... ist meistens nett. ☐ ☐

.... mögen nur .... ☐ ☐

Eine .... ist aus .... ☐ ☐

.... sind älter als .... ☐ ☐

Eine .... ist immer .... ☐ ☐

.... sind .... ☐ ☐

.... gibt es als Umkleide. ☐ ☐

.... sind immer .... ☐ ☐

Jeder Fisch hat .... ☐ ☐

.... muss man .... ☐ ☐

.... ist auch ein Vogelname. ☐ ☐

.... schmecken manchmal bitter. ☐ ☐

.... helfen uns bei der Arbeit. ☐ ☐

Eine .... kann .... ☐ ☐

Vampire · Süßigkeiten · Lawine · Krokodil · Margarine · dreißig · Großeltern ·
stabil · Apfelsinen · Ruine · Vitamine · lila · Kabinen · weiß · Kaninchen ·
Tiger · Füße · beißen · Straße · gießen · Strauß · Maschinen

☐ Exzellent!   ☐ Perfekt!   ☐ Fast prima!

Testblatt 14
Kombisätze schreiben

Datum: ....

M
-i-

**Kombiniere 7 Sätze nach Wahl. Schreibe sie auf.
Färbe in allen Wörtern die Merkstellen rot!**

Lilo wiegt fast { zwanzig / dreißig / hundert } Kilo.

Ein Dino geht zu { mir / Fuß / dir } ins Kino.

Es gibt Maschinen zur Herstellung von { Kaugummi. / Apfelsinen. / Fußpilz. }

Oliven schmecken { nur dir. / meistens prima. / nie süß. }

Kaninchen sind manchmal { fleißig. / lila. / weiß. }

{ Der Tiger / Der Delfin / Das Krokodil } ist ein Reptil.

....
....
....
....
....
....

Schreibe Unsinn-Kombinationen mit den i- oder ß-Wörtern, z.B. „Kinosalat".

-salat   -fußball   -konzert

....
....

[ ] Exzellent!   [ ] Perfekt!   [ ] Fast prima!

Testblatt 15
Wörter mit -h nach Vokalen ordnen

Datum: ....

M
-h-

Schreibe die -h-Wörter in die passenden Fächer. Manche gehören in 2 Fächer!

Sohn · fehlen · Mehl · Zahnarzt · ihr · Rohr · Mehrheit · Fühler · Sehne · zählen · ihm · Kohl · Fehler · ähnlich · Stuhl · Ohr · Bahn · Föhn · Nahrung · ihren · Lehrer · fröhlich · Unterführung · Möhre · ahnen · Gefahr · Feuerwehr · Höhlenmensch · Sahnequark · ihn · Draht · Wohnung · kühn · gähnen · Wahlurne · Bohnenkraut · Uhr · sehr · ihnen · Huhn · Kehrschaufel · kahl

-ah/-äh

-eh

-oh/-öh

-uh/-üh

-ih

Adjektive

Verben

☐ Exzellent! ☐ Perfekt! ☐ Fast prima!

Testblatt 16
Reime ergänzen

Datum: ....

M -h-

Setze die passenden Reimwörter in den Text:

Was gibt es hier zu tun?
fragt ein kühnes ....

Als ein Würmchen U-Bahn fuhr
stahl man ihm die ....

Eine Bohne ohne Zahn
fuhr in einer ....

Man sollte niemals bohren
mit Stöckchen in den ....

Die Straße braucht die Kehrmaschine,
der Lehrer braucht die ....

Zuckertorte – sagt das Mehl –
backe ich nicht auf ....

Ich möchte selber wählen,
was ich gerne mag ....

Ich reime mich auf Sehne
sagt die ....

Allein im Fahrstuhl fährt Sabine
und in der S-Bahn fährt ....

Wortliste:
- Ohren
- Sofalehne
- Lehrmaschine
- Huhn
- Geisterbahn
- Malwine
- Armbanduhr
- Befehl
- erzählen

Markiere alle -h-Wörter im Text. Schreibe sie hier auf:

....
....
....
....

☐ Exzellent! ☐ Perfekt! ☐ Fast prima!

Testblatt 17
Definitionen für Nomen finden

Datum: ....

M
-h-

Kreuze die richtigen Antworten an. Woran erkennst du ...

... eine **Höhle**
- ☐ sie ist fleißig und weiß
- ☐ sie ist tief und hell
- ☐ sie ist kühl und hohl

... ein **Huhn**
- ☐ es hat Fühler
- ☐ es hat Federn
- ☐ es hat Hufe

... einen **Stuhl**
- ☐ er hat Füße
- ☐ er hat Ohren
- ☐ er hat Beine
- ☐ er hat Arme

... einen **Tigerzahn**
- ☐ er ist fröhlich
- ☐ er ist mobil
- ☐ er ist lahm
- ☐ er ist gefährlich

... einen **Föhn**
- ☐ er fühlt
- ☐ er gähnt
- ☐ er bläst
- ☐ er bohrt

... ein **Fahrzeug**
- ☐ es zählt
- ☐ es fährt
- ☐ es wählt
- ☐ es gähnt

Schreibe die Antworten hier auf:

Eine Höhle erkenne ich daran, dass sie ....

Ein ....

Einen ....

Einen ....

Einen ....

Ein ....

☐ Exzellent! ☐ Perfekt! ☐ Fast prima!

Testblatt 18
Mixwörter bilden

Datum: ....

M
-h-

Schreibe die zusammengesetzten Nomen vertauscht auf,
z. B.: Ohrzwicker – Wasserrohr: Wasserzwicker – Ohrrohr

- Geisterbahn – ....
- Blumenkohl – ....

- Bahnhof – ....
- Sahnequark – ....

- Mehlwürmer – ....
- Drahtgestell – ....

- Wohnwagen – ....
- Zahnbürste – ....

- Löwenzahn – ....
- Fahrtwind – ....

- Insektenfühler – ....
- Bohnensalat – ....

- Fernrohr – ....
- Kohlsuppe – ....

- Korbstuhl – ....
- Hühnerhof – ....

- Höhlenforscher – ....
- Kühlschrank – ....

Exzellent!   Perfekt!   Fast prima!

Testblatt 19
Zahlenspiele

Datum: ....

M -h-

Löse die Zahlenrätsel:

Huhn Berta legt jeden Tag ein Ei.
Huhn Isolde legt jeden zweiten Tag ein Ei.
Wie viele Eier legen sie zusammen in zehn Tagen? ....

Huhn Hermine legt jede Woche zwei braune Eier.
Huhn Jasmin legt jeden Tag ein weißes Ei.
Wie viele Eier legen sie in drei Wochen zusammen? ....

Setze die folgenden Wörter in die Lücken. Beginne jeden Satz mit „Ohne".

Lehrer · Föhn · Mehl · Hühner · Sohn · Unterführung · Feuerwehr

Ohne .... kein Kuchen!

.... Vater kein ....!

.... kein Frisör!

.... Treppe keine ....!

.... keine Schule!

.... keine Eier!

.... Löschfahrzeug keine ....!

Zeichne die Rechnungen. Schreibe die Lösung als Zahlwort:

1	2	3	4	5	6	7	8	9	10
♥	★	⚽	☂	☀	☾	☕	☃	❀	⛵

♥ + ★ + ⚽ + ☕ = 13   dr..................

___ + ___ + ___ + ___ = 17   ....

___ − ___ − ___ + ___ = 18   ....

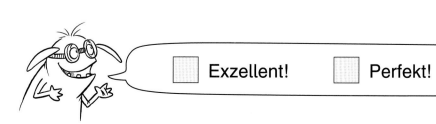

☐ Exzellent!   ☐ Perfekt!   ☐ Fast prima!

Testblatt 20
Unsinnsätze richtigstellen

Datum: ....

M
-h-

Schreibe unten die Sätze mit dem passenden Nomen richtig auf!

In jeder Straßenbahn fährt immer irgendein Dino mit.

Im Naturkundemuseum ist heute eine Großmutter-Ausstellung.

Im Zoo triffst du Rosinen und Mehl.

In den Teig gehören Tiger und Delfine.

Auf dem großen Stuhl im Erzählkreis sitzt immer unser Kaninchen.

Unsere Lehrerin sitzt am liebsten vor der Höhle.

Der Zahnarzt arbeitet oft mit dem Traktor.

Der Landwirt fährt bei seiner Arbeit mit dem Bohrer über das Feld.

In jeder ....

....

....

....

....

....

....

....

Färbe alle h-Merkstellen im Text rot!
Erinnerst du dich an die Strategie Verlängern? Wenn du alle Verlängerungswörter mit dem Zeichen markierst, gibt es 7 Extra-Punkte!
Zur Erinnerung: Griff – Griffe oder Band – Bänder ...

☐ Exzellent! ☐ Perfekt! ☐ Fast prima!

Testblatt 21
Unterscheiden: Merkwort oder Verlängerungswort?

Datum: ....

M
-h-

Zeige, wie gut du Verlängerungswörter und Merkwörter unterscheiden kannst!
Setze im Text überall die Zeichen M und ↻ unter die Wörter!

z. B.: fährt   steht

Meine Oma geht immer zur Wahl.

Er erzählt meist sehr gute Geschichten.

Wer steht auf dem Stuhl?

Ein Floh auf dem Gehweg – zählt er die Fußgänger?

Am Blumenkohl fehlte noch die Soße.

Der Sohn des Riesen wohnt in einer Höhle.

Plötzlich fehlte eine Kuh auf der Weide.

Das Reh steht ganz nah am Waldrand.

Seht alle mal her – jetzt geht nichts mehr!

Woher weht der Wind in der Unterführung?

Welche Zahl fehlt zwischen 132 und 134?

Die Drehtür dreht sich allmählich langsamer.

Tim kann sich sehr gut wehren.

Seht ihr die zahlreichen Zuschauer?

Der Hahn kräht lauter als die Klingel vom Fahrrad!

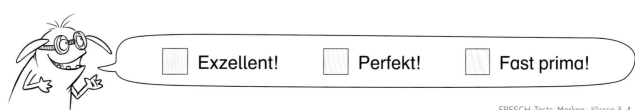

☐ Exzellent!   ☐ Perfekt!   ☐ Fast prima!

Testblatt 22
Alles dreht sich um ein paar „aa"!

Datum: ....

M aa/ee/oo

Setze „Paar" oder „paar" richtig in die Lücken:

ein .... Schuhe   ein .... Sandkörner

ein .... Hausaufgaben   ein .... Strümpfe

ein .... Mal   ein .... Tropfen

ein .... Augen   ein .... Klänge

ein .... Gedanken   ein .... Ohrringe

ein .... Sandalen   ein .... Socken

ein .... Luftballons   ein .... Geräusche

Setze die Lösungswörter in die richtigen Lücken:

Waage · Haare · Paar · paar · Saatkörner · Staat · Aal · Saal
Saarland · Aas · Speisesaal

Mika wohnt im .... Im großen ....

wurde getanzt. Die .... zeigt drei Kilo.

Geier fressen .... Sie hat blonde ....

Ein .... Fehler kommen immer vor. Der ....

ist keine Schlange, sondern ein Fisch.

Ich habe gestern .... in die Erde gedrückt.

Essen für alle gibt es im geräumigen ....

Jeder .... hat eine Regierung. Nele wünscht sich

ein .... Gummistiefel mit Blümchen.

☐ Exzellent!   ☐ Perfekt!   ☐ Fast prima!

Testblatt 23
Suchsel mit aa und ee

Datum: ....

M aa/ee/oo

Finde die Wörter mit „aa" und „ee" im Suchsel.
Setze sie unten im Text in die richtigen Lücken.

G	E	H	U	L	A	A	J	N	S	A	A	L	L	O	P	D	I	N	E	E	N	F	O	K	L	E	E	S	E
B	R	O	O	N	A	A	I	D	E	E	R	Ö	T	E	E	N	O	X	V	W	A	A	G	E	L	T	O	E	A
T	R	O	E	E	K	Ü	R	B	E	H	A	A	R	J	I	T	S	T	A	A	T	B	O	Ö	L	A	A	F	G
S	O	O	P	F	K	I	N	F	R	E	E	S	Ä	T	K	I	X	N	E	B	E	E	R	E	N	S	L	E	E
A	D	S	C	H	N	E	E	F	I	L	T	W	E	S	O	C	K	E	N	P	A	A	R	I	N	S	D	E	F
K	E	E	F	I	H	O	L	E	E	T	W	E	S	E	E	L	E	S	C	H	I	E	R	N	I	E	W	A	X
K	N	E	E	S	A	A	G	H	E	E	I	T	O	P	A	A	S	T	E	E	R	G	O	P	F	I	N	C	N

Aus Kräutern kann man .... kochen.

An manchen Sträuchern wachsen ....

Ob wohl alle Lebewesen eine .... haben?

Bienen lieben den blühenden ....

Die Hauptstraße wird endlich mit .... erneuert.

Auf manchen Bergen liegt auch im Sommer noch ....

Manche Menschen haben kein einziges .... mehr auf dem Kopf.

Bei dem großen Sommerfest war der .... rappelvoll.

Oft fehlt nach der Wäsche die zweite Socke vom ....

Menschen und auch viele Insektenarten leben in einem ....

Viele Tiere fressen tote Tiere, also ....

Manchmal habe ich eine tolle .... , was ich machen könnte.

Auf einer .... kannst du dich wiegen.

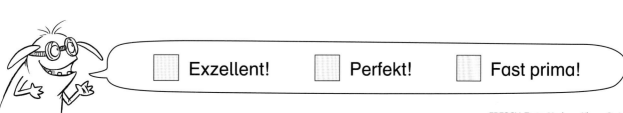

☐ Exzellent! ☐ Perfekt! ☐ Fast prima!

Testblatt 24
Was passt?

Datum: ....

M aa/ee/oo

Setze „voll" oder „leer" oder „weiß" in die Lücken:

Schnee ist meistens .... Der Mond kann .... sein.

Wenn ich nichts esse, ist der Magen .... Wolken am

Himmel sind meistens .... Sie trank Wasser aus der

Flasche, bis sie .... war. Manchmal ist mein Geldbeutel

................., das ist doof! In den Ferien sind die Klassenzimmer

.... Im Sommer ist es im Schwimmbad bei gutem Wetter

.... Zähneputzen hält die Zähne ....

Schreibe als Tabellendiktat. Beginne mit D3.

	1	2	3
A	Ein See ist viel	herrscht	wir Salz.
B	Wellen werden	In der Tiefsee	Ebbe und Flut.
C	manche seekrank.	gibt es	An der Nordsee
D	Bei hohen	kleiner als	Aus Meerwasser
E	das Meer.	gewinnen	keine Wellen.

D3 – E2 – A3 / B2 – C2 – E3 / A1 – D2 – E1 / C3 – A2 – B3 / D1 – B1 – C1

☐ Exzellent!   ☐ Perfekt!   ☐ Fast prima!

Testblatt 25
Schüttelwörter

Datum: ....

M
aa/ee/oo

Schreibe die Schüttelwörter richtig auf:

| e c S h n e | n e r e e B | l K e a b l t e t | z M e r a l s e |

....

| e e e l S | g a W e a | t r e R t i a a s l | r a T i e a h r |

....

„See", „Meer" oder „mehr"? Ergänze die Lücken mit den richtigen Wörtern!

Es gibt das Märchen von der kleinen .... jungfrau.

Es gibt auch .... sterne.

Es gibt .... ungeheuer, und es gibt .... ungeheuer, oder?

Es gibt auch .... salz und .... rosen.

Die Ost.................... ist ein kleines ....

.... Glück haben ist besser als wenig Glück haben.

Zu viel Plastik ist im ....

Immer .... e sind verschmutzt.

Er hat .... oder weniger recht.

Wer hat .... Wasser: .... oder See?

Wenn ich den See seh', brauche ich kein ....

Der .... hecht lebt im Meer, auch wenn er .... hecht heißt.

☐ Exzellent! ☐ Perfekt! ☐ Fast prima!

Testblatt 26
Schlangenwörter richtig zusammensetzen

Datum: ....

M
aa/ee/oo

Schreibe die Schlangenwörter richtig auf: Kafautofeemat – Kaffeeautomat

Pernensogewaa ....

Saatmikörnerschung ....

Meerchenschweinterfut ....

Zooterwärkarschubre ....

Seeberräuteschatzkar ....

Himpudbeerding ....

Etrolektormoboot ....

Schneewinela ....

Kräuteetersetas ....

Märfeechentengar ....

Teerschinema ....

Teumoorfelstergeis ....

Kinhaardergespan ....

Kannst du diese Wörter als Rätsel verdrehen?

Zoobesucher ....

Moospolster ....

Schneewanderung ....

Paarhufer ....

 Exzellent! Perfekt! Fast prima!

Testblatt 27
Nomen einer Beschreibung zuordnen

Datum: ....

M
aa/ee/oo

Verbinde Nomen und passende Beschreibung:

Schnee	wächst am Strauch
Fee	findest du auf dem Waldboden
Beere	damit beschäftigt sich der Frisör
leer	schwimmt auf dem Wasser
Moos	ist weiß und kalt
Zoo	ist nicht besonders schlau
Meer	ist eine Märchenfigur
doof	ist nicht voll
Saat	ist ein feuchter Boden, in dem man versinken kann
Moor	Samenkörner, die man in der Erde streut
Haar	ist ein Tierpark mit exotischen Tieren
Boot	bedeutet Salzwasser

**Schreibe hier 5 Beschreibungen als ganze Sätze auf,
z. B.: Schnee ist kalt und weiß.**

....

....

....

....

....

☐ Exzellent!   ☐ Perfekt!   ☐ Fast prima!

Testblatt 28
Würfeldiktat und Rätsel

Datum: ....

M
aa/ee/oo

Schreibe als Würfeldiktat. Mit dem 1. Wurf den Teil aus der 1. Spalte, mit dem 2. Wurf ergänzt du den Satz aus der 2. Spalte!

- ⚀ Was macht der Schneemann?
- ⚁ Was macht der Zoodirektor?
- ⚂ Was macht der Bootskapitän?
- ⚃ Was macht der Teetrinker?
- ⚄ Was macht der doofe Moorgeist?
- ⚅ Was macht der Seeaal?

- ⚀ Er schmilzt in der Sonne.
- ⚁ Er kauft exotische Meerschweinchen.
- ⚂ Er winkt den Tiefseefischen zu.
- ⚃ Er genießt sein heißes Getränk.
- ⚄ Er versteckt sich im Moos.
- ⚅ Er schmeckt zu Kartoffeln und Salat.

Lies und kreuze richtig an:

Wer Haare auf den Zähnen hat,
☐ spuckt gerne.   ☐ kleckert beim Essen.   ☐ wehrt sich mit Worten.

Wenn Schnee von gestern ist,
☐ hat es getaut.   ☐ beginnt der Frühling.   ☐ ist eine Nachricht veraltet.

☐ Exzellent!   ☐ Perfekt!   ☐ Fast prima!

Testblatt 29
Nomen oder andere Wortart?

Datum: ....

M
ä

Schreibe die Nomen und die kleingeschriebenen Wörter in die passenden Kästchen:

EISBÄR · GESCHÄFTLICH · KÄSE · LÄSTERN · KRÄHE
NÄMLICH · KÄNGURU · DÄMLICH · LÄRM · TRÄNEN · SPÄTER
UNGEFÄHR · SCHRÄG · MÄDCHEN · ELEKTRIZITÄT · ZERSÄGEN
WÄHREND · KÄFIG · ZÄH · DÄNEMARK

große Wörter	kleine Wörter

Schreibe hier die Wörter mit den vertauschten Silben richtig auf:

Jesmatät – .... Hekrä – ....

Länderge – .... Schäfgete – ....

Neträ – .... Toräqua – ....

Chenmäd – .... Gurukän – ....

Figkä – .... Ferkä – ....

Pikatän – .... Bäeisren – ....

lichdäm – .... lichnäm – ....

rendwäh – .... mähalllich – ....

☐ Exzellent!   ☐ Perfekt!   ☐ Fast prima!

Testblatt 30
Zusammengesetzte Nomen

Datum: ....

M
ä

Ergänze mit „-bär" oder „-käfer":

Ameisen..........   Hirsch..........   Kartoffel..........

Braun..........   Zirkus..........   Feuer..........

Teddy..........   Marien..........   Gummi..........

Mai..........   Brumm..........   Borken..........

Allerlei seltsame Bären: Ergänze die Lücken!

| Gummi- | Beeren- | März- | Kapitäns- | Märchen- |
| Tränen- | Säge- | Qualitäts- | Krähen- | Käfig- |

Der .... krächzt wie eine ....

Der .... kratzt wie eine ....

Der .... schmeckt süß.

Der .... frisst gerne Himbeeren.

Der .... fährt auf einem Dampfer.

Der .... erzählt gerne Gruselgeschichten.

Der .... legt Wert auf gute Dinge.

Der .... fühlt sich eingesperrt.

Der .... liebt den Frühling.

Der .... heult viel.

Schreibe nach dem Abc geordnet auf:

Märchen   Geschäft   Qualität   Bär   März

....

☐ Exzellent!   ☐ Perfekt!   ☐ Fast prima!

Testblatt 31
Wörtergrenzen erkennen

Datum: ....

M
ä

Setze Trennstriche zwischen die Wörter:

DÄNEMARKELEKTRIZITÄTKINOKLIMAMOOSBLUMESÄULE
KRÄCHZENSCHÄDELTRAMPOLINEINBAHNSTRAßELÄRM
GLÜCKSKÄFERSTRÄHNEEHRGEIZRAHMENOHRRING
DEMNÄCHSTSEKRETÄRINNOTIZZAHNWEHFUßSTAPFEN
BOHNENKRAUTROTKEHLCHENBOOTSREGATTAMÄRZ
MEERSCHWEINCHENFOHLENANZAHLKÄSELADENTEER
MASCHINEFAHRBAHNWIRBELSÄULEÄQUATORKAMIN
JAHRESKALENDERSCHUHSOHLEKAFFEETASSELEERGUT
GROßTANTEERDBEERGELEETURNGERÄTWOLLKNÄUEL

Schreibe alle 16 Merkwörter mit „ä" auf:

....
....
....
....

Schreibe die Schüttelwörter richtig auf:

| r S ä t e n h | e m ä n d s t c h | o l W l n k e l ä u |

| i s r W b l e u ä e l | g ä h F i k i e t | g ä n u f e h r |

Exzellent!   Perfekt!   Fast prima!

Testblatt 32
Sätze mit Merkwörtern ergänzen

Datum: ....

M
ä

**Die ä-Wörter für den Lückentext findest zu rückwärts geschrieben im Suchsel.
Schreibe sie richtig auf die Linien.**

R	E	D	N	Ä	L	E	G	N	R	U	H	R	P	A	N	N	S	L	A	Ü	R	Ä	B	Z
K	L	R	Ä	T	Z	U	N	Ä	T	I	P	A	K	G	R	U	B	S	F	Ö	T	Ä	I	D
L	Ä	X	V	O	S	N	E	H	C	R	Ä	M	M	O	P	U	Z	T	M	R	Ä	L	Ö	U
Z	U	I	E	L	U	Ä	S	L	E	B	R	I	W	U	U	X	E	S	Ä	K	T	A	B	M
F	R	U	R	E	F	Ä	K	I	A	M	G	L	O	E	T	F	Ä	H	C	S	E	G	H	C

....

....

....

Ergänze mit den Wörtern aus dem Suchsel die Lücken im Text!

Es brummt der .... in der Höhle.

Der .... steuert das Boot.

Im .... gibt es Hexen und Feen.

Sport ist gut für die ....

In der großen Pause ist meistens viel ....

Er isst ganz wenig Süßigkeiten während der ....

Am Sonntag sind die .... geschlossen.

Zum Glück gab es ein .... an der steilen Treppe.

Die .... fliegen vor allem im Mai.

Aus Milch und Rahm wird .... gemacht.

☐ Exzellent!   ☐ Perfekt!   ☐ Fast prima!

Testblatt 33
Nomen mit Adjektiven ergänzen

Datum: ....

M / ä

Färbe alle ä-Merkstellen in den Wörtern rot.
Schreibe die Adjektive ergänzend auf die Zeilen:

nasse Haare sind ....

enge Käfige sind ....

kalter Kaffee ist ....

schräge Geländer sind ....

alte Märchen sind ....

fröhliche Delfine sind ....

krankes Klima ist ....

tolle Ideen sind ....

dünne Dinos sind ....

junge Nilpferde sind ....

runde Klöße sind ....

kaputte Boote sind ....

bunte Käfer sind ....

trübe Teetassen sind ....

schnelle Maschinen sind ....

wilde Kaninchen sind ....

gefährliche Tiger sind ....

gute Geschäfte sind ....

glatte Straßen sind ....

dicke Tränen sind ....

flotte Bären sind ....

fetter Käse ist ....

leere Käfige sind ....

fähige Mädchen sind ....

kahle Ruinen sind ....

heißer Tee ist ....

fröhliche Vampire sind ....

süße Soße ist ....

doofer Lärm ist ....

lahme Eisbären sind ....

zahme Kängurus sind ....

große Wollknäuel sind ....

kahle Moore sind ....

zahme Tiger sind ....

☐ Exzellent!   ☐ Perfekt!   ☐ Fast prima!

Testblatt 34
Wörter nach Silben ordnen

Datum: ....

M
ä

Färbe die ä-Merkstellen rot.
Achtung: Manche ä-Wörter sind keine Merkwörter, sondern Ableitungen!

Präsident · Teelöffel · Moor · Bär · Staatenbund · Fee · Paare · Lärm
Sekretär · U-Boot · Äquator · zäh · Meersalz · Kräutertee · während
Moosblume · schräg · Kaffee · Qualität · doof · Känguru · Meer · März
Zoowärter · Geländer · spät · Kleeblätter · Mähne · Seele · nämlich
Märchen · leer · Geschäft · Waldmoos · See · Krähe

Ordne die Wörter nach Silben.

1-silbig: ....

2-silbig: ....

3-silbig: ....

Schreibe die vertauschten Nomen zu richtigen zusammengesetzten Nomen:
z. B.: Kaffeebahn – Straßentasse / Kaffeetasse – Straßenbahn

Kleegeländer – Treppenblatt / ....

Reißkräuter – Teenagel / ....

Märchenfuß – Ballfee / ....

Kirschmähne – Löwensoße / ....

Staatsbahn – Geisterpräsident / ....

☐ Exzellent!   ☐ Perfekt!   ☐ Fast prima!

Testblatt 35

Merken oder Ableiten?

Datum: ....

M
ä

Finde die M-Wörter mit ä im Text und schreibe sie unten auf.
Setze ⚡ bei den Ableitungswörtern: träumen ⚡ Traum

Frau Müllers Sekretärin wäre lieber Einkäuferin geworden.

Kapitän Klapphut ärgert sich über Käfer in der Marmelade.

Krähen kauen kiloweise Käsebrocken.

Eddi Eisbär erklärte uns später die Elektrizität.

Manche Kängurus können mächtige Sprünge machen.

Demnächst beginnt Fabio eine lächerliche Pralinen-Diät.

Geländer in Gardinen-Geschäften sind äußerst gefährlich.

Tante Tina drängt immer ihre Tränen zurück.

Seeräuber Damian ärgert sich über seinen jämmerlichen Säbel.

Bären im Zoo brauchen nämlich keine Bäckerei.

Vor dem Kauf will Mika die Qualität der Hängematte klären.

Der Aal hatte Gemälde und Gebäck im Gepäck.

Erst später wollte der Braunbär seine Zähne putzen.

Der Delfin wählte Erdbeeren und Käse für sein Futter aus.

Das Meerschweinchen wollte demnächst nach Dänemark fahren.

Der Moorgeist gähnte in seinem Käfig vor Langeweile.

....

....

....

....

☐ Exzellent!   ☐ Perfekt!   ☐ Fast prima!

Testblatt 36
Gleiche V-Wörter finden

Datum: ....

M
v

Drei Wörter aus der oberen Wolke fehlen in der unteren. Finde sie heraus. Streiche dafür das gleiche Wort aus der unteren und der oberen Wolke durch. Schreibe das Paar unten auf. Was bleibt übrig?

Vergessene Wörter: ....

Vollmond   Vase   Kurve   aktiv
Vulkan   von   viel   November   Villa
Vampir   vielleicht   Klavier   Olive   Vater   Vetter
Pullover   Advent   Nerven   vierzehn   Vogel   Verkehr
Verein   hervor   Silvester   bravo   Pulver   Konserve
positiv   negativ

negativ   hervor   Vogel   Vulkan
Klavier   Vollmond   Villa   vielleicht   aktiv
viel   vierzehn   Verkehr   Advent   Verein   Olive
Vase   Vater   Vampir   Silvester   Pulver   Pullover
November   Nerven   positiv   Kurve   bravo

....
....
....
....
....

 Exzellent!   Perfekt!   Fast prima!

Testblatt 37

V-Spaßwörter und der Wortbaustein ver-

Datum: ....

M
v

Ergänze die Zeilen: Spaßwort – V-Wort – V-Wort als neues Spaßwort, z.B.:

| **Blaubeervorhang** | **Vorhang** | **Vorhangfee oder Klaviervorhang** |

Bärenvampir ....

Vollmondkäse ....

Käfernerven ....

Novembermoor ....

Geleevulkan ....

Konservenpaar ....

Haarvorrat ....

Pechvogelzoo ....

Olivenkabine ....

Pulvermaschine ....

> Hilfe für Spaßwörter: Klavier · Pullover · Versagen · Hühner · Zwerg
> Krokodil · Universum · Fee · Tankstelle · Vorstellung · Verein

Schreibe unten alle Verben auf, die du mit dem Wortbaustein „ver-" bilden kannst:

> laufen · backen · stehen · üben · staunen · bringen · trödeln · essen
> trauen · pumpen · teilen · zanken · reden · zeigen · stellen · ziehen
> packen · holen · eilen · suchen

ver ....

....

....

☐ Exzellent! ☐ Perfekt! ☐ Fast prima!

Testblatt 38
Reimpaare bilden

Datum: ....

M
v

Verbinde die Reime und schreibe die Reimpaare auf:

verbieten	verstreichen	verirren	verhöhnen
verlieren	verkleiden	vergessen	verschieben
vergleichen	vermieten	verteilen	verwirren
verletzen	verreisen	verschmutzen	vertrauen
verpacken	verzieren	verachten	vermessen
verkaufen	verpetzen	verlieben	verweilen
verspeisen	verknacken	verdauen	verputzen
vermeiden	verlaufen	versöhnen	verfrachten

....

....

....

....

....

....

....

....

Ordne nach dem Abc:

Vorhang   Vorort   Vorname   Vortrag

....

Vorschlag   Vorrat   Vorbild   Vorfahrt

....

☐ Exzellent!   ☐ Perfekt!   ☐ Fast prima!

Testblatt 39
Komisches Würfeldiktat

Datum: ....

M
v

Schreibe als Würfeldiktat. Färbe alle V-Merkstellen rot ein!

⚀ Das sammelte in einem Jahr
der Franz – so ganz ist das
nicht wahr:

⚁ kugelige Kängurus,
Konserven voller Apfelmus.

⚂ Ein Viertelpfund Olivenbrot,
zwei Pullover im Ruderboot,

⚃ voll verrückte Stoff-Vampire,
ohne Tasten zwei Klaviere.

⚄ Brausepulver, vier Pakete,
Bohrmaschinen mit Rakete.

⚅ verflixtes Zeug von überall –
dann war's vorbei mit großem
Knall!

Hier ist Platz für alle V/v-Wörter:

☐ Exzellent!   ☐ Perfekt!   ☐ Fast prima!

Testblatt 40
Suchsel und Rätsel

Datum: ....

M
v

**Finde die V-Wörter im Suchsel. Kreise sie ein.
Setze sie unten als Lösung in die Lücken.**

O	V	I	N	V	E	N	T	I	L	S	I	V	Ö	R	A	D	V	E	N	T	U	P	U	V	E	R	E	S	E	R	V	E	K
R	I	V	E	R	B	O	T	A	L	A	R	V	E	K	O	V	A	S	I	V	A	K	V	O	L	K	W	Ö	V	E	R	A	M
R	V	O	P	L	A	V	K	L	O	K	O	M	O	T	I	V	E	L	K	U	R	V	E	O	B	U	R	V	I	S	O	N	T
P	Y	R	V	U	N	I	K	A	L	V	U	L	K	A	N	M	A	N	I	E	R	W	E	W	I	V	I	T	A	M	I	N	E
U	M	I	V	E	R	R	I	S	I	L	V	E	S	T	E	R	W	E	S	E	R	V	E	R	S	H	E	R	V	Ö	P	A	B
Q	U	I	R	V	O	R	M	I	T	T	A	G	G	E	N	I	I	S	V	O	P	I	E	V	I	E	R	T	E	L	U	N	G
A	V	A	L	K	A	R	N	E	V	A	L	O	P	G	A	W	E	Y	N	A	L	E	S	O	V	I	K	A	T	O	V	E	G

reguliert die Luft in Reifen:
....

zieht den Zug:
....

daraus entsteht der Schmetterling:
....

4 Sonntage vor Weihnachten:
....

Menschen eines Staates:
....

Gegenteil von Erlaubnis:
....

Straßenbiegung:
....

Teil eines Gedichts:
....

Fastnachtszeit:
....

der Morgen:
....

letzter Tag im Jahr:
....

Ersatz-Vorrat:
....

Gesundes in der Nahrung:
....

feuerspeiender Berg:
....

4. Teil des Ganzen:
....

Schreibe die V-Wörter nach Silben geordnet:

1 Silbe: ....

2 Silben: ....

3 Silben: ....

4 und mehr Silben: ....

☐ Exzellent!   ☐ Perfekt!   ☐ Fast prima!

Testblatt 41
Blick aus dem Fenster

Datum: ....

Ergänze die Lücken mit diesen Wörtern. Färbe alle Merkwörterstellen rot!

> Vorfahrt · Kurve · versteckt · Teetasse · Haaren · davon · verzweifelt
> Versehen · Verpackung · vier · Klavier · Vierecke · Verband · verlaufen

Matteo sieht auf der Straße:

- einen Fahrradfahrer mit einer .... auf dem Kopf
- einen Elektro-Van, der die .... nicht beachtet
- ein Mädchen, das Gummibärchen im Garten ....
- eine vornehme Dame mit rot gefärbten ....
- einen Vampir, der wie verrückt um die .... saust
- einen Straßenhund, der von .... Würstchen träumt
- einen Kanarienvogel, der .... geflogen ist

- einen Verkäufer, der ein .... transportiert
- einen Käfer, der .... über den Zebrastreifen krabbelt
- ein Meerschweinchen, das sich .... hat
- ein U-Boot, das aus .... im Straßenverkehr gelandet ist
- ein Kind, das bunte .... auf den Fußweg malt
- ein Mensch, der die .... von seinem Eis einfach auf die Straße schmeißt
- eine Oma, die einen .... um ihre verletzte Hand trägt

☐ Exzellent!   ☐ Perfekt!   ☐ Fast prima!

Testblatt 42
Ver- oder Vor-?

Datum: ....

M
v

Ergänze die Lücken mit „ver" oder „vor":

Unsere ....fahren lebten teilweise noch ohne fließendes Wasser.

Ich bin sehr stolz auf meinen Sport............ein.

Der ....hang am Fenster bewegte sich im Wind.

Die ....letzung tat ihm sehr weh.

Sie beachtete die ....fahrt an der Kreuzung in letzter Minute.

Früh am ....mittag kann ich mich am besten konzentrieren.

Mein ....name ist Katharina.

Die nächste ....stellung beginnt erst um sechzehn Uhr.

Es klappte erst nach dem dritten ....such.

In manchen Büchern steht vor dem ersten Kapitel ein ....wort.

Der Bus hatte eine ....spätung von einer halben Stunde.

Zu unserer ....pflegung gab es nur Butterbrote und Äpfel.

Zur ....speise gab es einen leckeren Salat.

Die ....schmutzung nimmt auf der ganzen Erde rasant zu.

Er hatte sich einen großen ....rat an Kartoffeln zugelegt.

Das Geburtstagsgeschenk hatte eine tolle ....packung.

Der ....braucher bekam eine ausführliche Information.

Die Wetter............hersage für den nächsten Tag war günstig.

Exzellent! Perfekt! Fast prima!

Testblatt 43
Passende Adjektive finden

Datum: ....

M
v

Ergänze die Sätze mit dem passenden Adjektiv:

Vor dem Test ist Emilia ⇐ nervös. / verletzt. / zuckersüß.   ....

Hausaufgaben sind oft ⇐ schräg. / verboten. / mühsam.   ....

Vitamine sind ⇐ vorsichtig. / verschieden. / spaßig.   ....

Eine Höhle ist ⇐ scheußlich. / unverschämt. / geheimnisvoll.   ....

Eier sind meistens ⇐ oval. / positiv. / violett.   ....

Zuhörer sind in der Regel ⇐ kunstvoll. / passiv. / gefräßig.   ....

Regenwürmer sind ⇐ ungefährlich. / zahm. / verblüfft.   ....

Ein Zimmer ohne Möbel ist ⇐ fleißig. / aggressiv. / leer.   ....

Ein Tagebuch ist ⇐ privat. / gefräßig. / stabil.   ....

Unser Hund ist ⇐ magnetisch. / brav. / vorrätig.   ....

Schreibe hier alle Adjektive mit „v" auf:

....

....

....

☐ Exzellent!   ☐ Perfekt!   ☐ Fast prima!

Testblatt 44
Merkwörter mit C/Ch

Datum: ....

M
C/Ch

Schreibe die Merkwörter vorwärts auf. Kreise sie dann im Suchsel ein.

ROHC .... LHOKANIHC ....

SPIHC .... MUABTSIRHC ....

RETUPMOC .... SEKALFNROC ....

ENISUOC .... CIMOC ....

HCSITOAHC .... HCUOC ....

GNIPMAC .... LOOC ....

R	O	U	D	C	H	I	L	Ö	C	H	O	R	V	O	P	I	C	H	A	S	T	C	H	R	I	S	T	B	A	U	M	C	A
P	C	H	U	S	T	C	H	I	N	A	K	O	H	L	K	A	H	Z	I	C	H	O	N	C	O	M	I	C	L	K	A	Y	V
Ü	C	H	T	W	I	T	C	H	A	O	T	I	S	C	H	L	U	C	H	T	I	C	O	U	S	I	N	E	M	E	H	U	G
C	O	M	P	U	T	E	R	S	C	H	U	K	C	A	M	P	I	N	G	L	I	N	G	S	U	C	H	W	I	C	O	O	L
A	C	H	T	U	N	G	C	A	M	C	O	R	N	F	L	A	K	E	S	C	H	I	P	S	K	U	C	H	T	I	K	A	C
I	S	S	T	U	X	C	H	A	M	O	I	T	C	O	U	C	H	T	U	P	G	R	U	S	C	H	O	A	L	Y	X	T	I

Schreibe 6 Sätze nach deiner Wahl zu einem Würfeldiktat.
Halte dich an dieses Muster: Andi bestellt Computer.

Diese Wörter helfen dir: Alf · Anna · Axel · Anton · Alma · Amalie · Arno
betrachtet · bedient · besucht · beschimpft · befreit · bügelt · beerdigt
Cellos · Chinesen · Cremes · Couchkissen · Clowns · Chips · Cabrios

Exzellent!   Perfekt!   Fast prima!

Testblatt 45
Kleiner Englisch-Test

Datum: ....

M Englisch

**Kreuze die Wörter an, die du kennst.
Schreibe sie unten nach dem Abc geordnet auf!**

- ☐ Musical
- ☐ Camping
- ☐ Hobby
- ☐ Baby
- ☐ T-Shirt
- ☐ Shampoo
- ☐ Interview
- ☐ Mountainbike
- ☐ Ice Cream
- ☐ Shorts

- ☐ Birthday
- ☐ happy
- ☐ Alien
- ☐ Ketchup
- ☐ Internet
- ☐ Quiz
- ☐ Pyjama
- ☐ Pony
- ☐ joggen
- ☐ Zoom

- ☐ Picknick
- ☐ Pullover
- ☐ Toast
- ☐ Yoga
- ☐ Jeans
- ☐ Team
- ☐ Party
- ☐ clever
- ☐ Trainer
- ☐ fit

- ☐ okay
- ☐ Cent
- ☐ Fastfood
- ☐ cool
- ☐ recyceln
- ☐ Pool
- ☐ Skater
- ☐ Space
- ☐ Ticket
- ☐ live

Alien, ...

....

....

....

....

....

....

....

....

☐ Exzellent!   ☐ Perfekt!   ☐ Fast prima!

Testblatt 46

Was passt: cks, gs, chs, ks, x?

Datum: ....

M
cks/gs/chs

In den Reihen findest du: cks-Wörter, gs-Wörter, chs-Wörter, ks-Wörter und x-Wörter. Ergänze die Lücken.

Geburtsta......kuchen	Ta......i	bo......en	Da......
Wa......malstifte	ta......über	unterwe......	sonnta......
He......enbesen	Wa......tum	Mi......er	lin......
verwe......eln	Glü......pilz	Fu......	er wä......t
we......elhaft	Bü......e	fi......	Ke......
We......elgeld	du len......t	bie......am	Ma......
Diktatte......t	abwe......elnd		

Schreibe als Tabellendiktat. Beginne mit D1.

	1	2	3	4
A	Plötzlich	die Nase	zehn Stunden	Mir fällt
B	Vier sind	hat sie bloß	Man war	er Angst?
C	Bis später.	Zuletzt	das Buch	ungefähr
D	Wovor hat	rückwärts.	mehr ein.	vielleicht
E	Manchmal	fällt sie	unterwegs.	zu viele?
F	heute nichts	gab er mir	zurück.	voll.

D1 – B4 / B1 – D4 – E4 / E1 – B2 – A2 – F4 / A1 – E2 – D2 / C2 – F2 – C3 – F3 /
B3 – C4 – A3 – E3 / C1 – A4 – F1 – D3

....

....

....

....

....

 Exzellent!  Perfekt! Fast prima!

Testblatt 47
ai und andere Merkstellen

Datum: ....

M ai

**In jeder Zeile ist ein Merkwort mit „ai" und ein anderes Merkwort.
Färbe die Merkstellen rot. Schreibe alle Merkwörter unten auf!**

Fluss · Spaß · Fernseher · Kaiser · Abendrot · Spott · Klotz

Verwandte · Kläranlage · Roboter · Meister · Hai · Kapuze

Träume · Tankstelle · Ärger · Museum · Maikäfer · Käseladen

Zeugnis · Textilien · Büchse · Frühstück · Maisfladen · Milch

Versöhnung · Spinat · Lauch · Kürbis · Laich · Probe · Kastanie

Quark · Getreide · Waise · Graben · Geduld · Skateboard · Stab

....

....

....

Setze die folgenden schwierigen Merkwörter passend in die Lücken:

> Medaille · Mathematik · Trikot · Creme · Katastrophe · Apparat · Atlantik

Ein Erdbeben ist oft eine große ....

Der .... -Professor war Spezialist für Zahlen.

Beim Boxwettkampf hatte Linus eine .... gewonnen.

Ihre neueste Erfindung war ein .... zum Gedankenlesen.

Nach dem Fußballspiel tauschte Max sein .... mit Xaver.

Mia hatte vergessen, die Sonnenschutz- .... aufzutragen.

Sie hatten den .... mit einem Floß überquert.

☐ Exzellent!   ☐ Perfekt!   ☐ Fast prima!

Testblatt 48
Reime mit Merkwörtern finden

Datum: ....

M alle

Finde die Reime. Schreibe die Merkwörter auf die Linien:

Kinder sind im ....
bei Süßigkeiten gibt's kein NEIN.

Kinder essen kaum Konserven,
Kinder haben zarte ....

Kinder haben rotes Haar
verlieren oft ein ....

Kinder fahren gern ans Meer
doch fliegen lieben sie noch ....

Kinder lieben auch Delfine
mehr als ihre ....

Kinder leben sehr aktiv
und sehen das auch ....

Kinder wissen ganz viel Sachen
und können über vieles ....

Kinder finden Bären prima
Kinder kümmern sich ums ....

Kinder lieben Huhn und Hahn.
Im Winter auch die ....

Sie sitzen nicht gern auf dem Stuhl
viel lieber planschen sie im ....

Den Zoo besuchen sie meist jährlich
Sie lieben's wild und auch ....

> Nerven · Schlittenbahn · Sportverein · mehr · Violine · Sockenpaar ·
> positiv · Klima · Pool · lachen · gefährlich

 Exzellent!   Perfekt!   Fast prima!

Testblatt 49
Wörter-Sharing

Datum: ....

M alle

Schreibe die 2 Wörter, die in einem stecken, auf die Linien:

BÄRGER   BÄR + ÄRGER

OMANDARINE .... + ...

MÄRZOO .... + ...

YOGARDINE .... + ...

CHORANGE .... + ...

SÄGERÄT .... + ...

MOOSTSEE .... + ...

KLEER .... + ...

MEERBSE .... + ...

NAHRUNGEFÄHR .... + ...

KÄFERNROHR .... + ...

LOHNMACHT .... + ...

LAWINERVÖS .... + ...

WAAGENTIN .... + ...

SOHLEHM .... + ...

TEEHRE .... + ...

SPÄTERMIN .... + ...

OLIVERS .... + ...

KAHNUNG .... + ...

PIZZAHL .... + ...

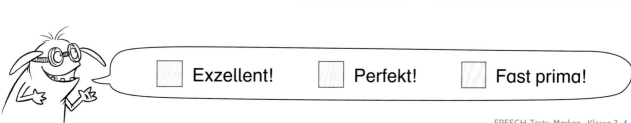

☐ Exzellent!   ☐ Perfekt!   ☐ Fast prima!

Testblatt 50
Glücksrad

Datum: ....

M alle

Schreibe zu den Merkstellen im Glücksrad mindestens je 1 passendes Wort auf die Linien.

Nomen
....
....
....
....

kleingeschriebene Wörter
....
....
....
....

seltene Wörter
....
....
....
....

zusammengesetzte Nomen
....
....
....
....

☐ Exzellent!   ☐ Perfekt!   ☐ Fast prima!